SOCIÉTÉ DES AMIS DES ARTS
DE NANCY.

EXPOSITION
DE 1837.

CATALOGUE

DES PEINTURES, MINIATURES, AQUARELLES, PASTELS, SÉPIAS, DESSINS, LAVIS, etc.

EXPOSÉS A NANCY EN MAI 1837,

PAR LES ARTISTES DE LA MEURTHE, DE LA MOSELLE, DE LA MEUSE ET DES VOSGES.

Quatrième Année.

NANCY,
IMPRIMERIE DE THOMAS, RUE SAINT-DIZIER, 96.

1837.

SOCIÉTÉ DES AMIS DES ARTS
DE NANCY.

EXPOSITION DE 1837.

CATALOGUE

Des Peintures, Miniatures, Aquarelles, Pastels, Sépias, Dessins, Lavis, etc., exposés à Nancy en Mai 1837, par les Artistes de la Meurthe, de la Moselle, de la Meuse et des Vosges.

QUATRIÈME ANNÉE.

M. Martin ABOUT, *Peintre, à Vic.*

1. Portrait de Melle....., huile.

M. Julie ANTOINE, *de Lunéville.*

2. Portrait de M. D. F....., d'après nature, crayon noir.
3. Dessin d'après Dubuffe.
4. Tête d'après.....

M. BACCUET, *capitaine de Cuirassiers à Pont-à-Mousson; Peintre dessinateur de la Commission scientifique de Morée.*

5. Vue de la rade de Nauplie, ou Napoli di Romani (Grèce), huile.
6. Vue de Nonembasie ou Malvoisie.

M. de BALTHAZAR, *de Toul.*

7. Gœtz de Berlchinger à la Main de Fer. (Tragédie de Gœthe.)

   Le heros captif et mourant, est dans la cour de sa prison. Il recommande sa femme et sa sœur, au zèle de son écuyer, et meurt après de courts adieux.
8. Portrait de Mme .....
9. *Id.* de M.

Mme. BALTHAZAR, *de Nancy.*

10. Un groupe de Lilas, aquarelle, d'après nature.
11. Jacinthes et Anémones, *id.*

M. BERTRAND, *Peintre en miniature, Grande-Rue Ville-Vieille, 34, à Nancy.*

12. Portrait de l'Empereur.
13. *Id.* de Mme B. et de son fils.
14. *Id.* de Melle....., de Paris.
15. Dix autres Portraits sous le même numéro.

M. Eugène de BEY.

16. Portrait de M. F....., dessin sur toile.

M. BUIGNET, *de Nancy, demeurant à Metz.*

17. Soleil couchant, grand paysage à l'huile.
18. Vue des environs de Vouziers, *id.*
19. Passage du Mont-Cenis, *id.*

M. BUTTE, *de Nancy, fabricant de bronzes, à Paris, rue de Berry, 12, au Marais.*

20. Cerf aux abois, bronze.
21. Voltaire, statuette en bronze.

M. CASSE, *de Nancy.*

22. Deux têtes au crayon noir, d'après..... sous le même numéro.
23. Portrait de M***.., crayon noir.

M. CHARMEIL, *de Metz.*

24. Un vase de fleurs, aquarelle.

M. CHARPENTIER, *de Lunéville.*

25. Scène d'intérieur, tableau à l'huile.

M. CHATELAIN, *Architecte à Nancy.*

26. Plusieurs vues de Nancy et des environs, sépias, sous le même numéro.

M. COBUS,

Professeur de Dessin à Lunéville.

27. Vue de Lunéville, prise du haut du chemin de Mehon; aquarelle d'après nature.
28. Place Saint-Jacques de Lunéville, *id.*
29. Portrait de M. B***, *id.*
30. Retour d'un lancier dans sa famille, d'après Bellangé.

31. Paysage aux rochers, d'après Hubert.
32. Cascade, *id.*
33. Un moulin, d'après Lapiteau.
34. Une marine, d'après Isabey.
35. La visite du bailly, d'après Élise Boulanger.
36. Chevaux de poste, d'après Michalowsky.
37. Fleurs, d'après Redouté.
38. Sépia, d'après Hubert.

M. CUMBERWORTH,
Né à Verdun, Statuaire à Paris.

39. Portrait en pied de M. T***, statuette en plâtre.
40. Un jeune Napolitain appuyé sur ses filets et jouant de la Mandoline, statuette en bronze.

M. DEMANGE aîné,
Peintre, place de Grève, n° 2, à Nancy.

42. Deux paysages à l'aquarelle, sous le même numéro.
43. Plusieurs portraits, sous le même numéro.
44. Un portrait d'enfant, miniature.

M. DESROBERT, *de Metz.*

45. Vue d'Italie, tableau à l'huile.
46. Portrait d'un officier, en pied, *id.*
47. — de Mme..., dessin à la mine de plomb.
48. — *id.*

M. DE FARCONNET, *de Nancy.*

49. Vue de la ville et de la mer d'Harlem, grande sépia.

Mlle Adèle FERRAND,
De Nancy, demeurant à Paris.

50. Les deux orphelines, à l'huile.
51. La méditation.
52. La lecture dans le parc.
53. Scène d'intérieur.
54. Portrait de M. D***.
55. — de M. F***.

M. FOUILHOUZE, *de Saint-Diez.*

56. Vue prise à Oberwésel (Prusse Rhénane), à l'huile.
57. Château de Saint-Goar (Prusse), *id.*
58. Souvenir du lac de Brientz, *id.*

M. FRATIN, *de Metz, Fabricant de bronzes.*

59. Le lion traînant sa proie.
60. Grande chasse au cerf.
61. Le cheval Félix.
62. — le Rainbow.
63. Cerf du Canada.
64. Jument défendant son poulain.
65. Cheval arabe.
66. Petit ours.

M. Alexandre GÉNY.

67. Cinq portraits à l'aquarelle, sous le même numéro.

Mme GEORGES, *de Nancy.*

68. Portrait de Mme..., tableau à l'huile.

M. GEORGES,
Professeur de Dessin, rue Stanislas, à Nancy.

69. Vue de Remiremont, tableau à l'huile.
70. Vue prise aux environs de Remiremont, *id.*
71. Vue prise aux environs de Saint-Diez, *id.*
72. Saut du Bouchot, cascade près Vagney.
73. Saut des Cuves, cascade près Gérardmer.

M. GIRARD, *de Nancy.*

74. Portrait de Mlle..., costume de campagne.
75.   —   du colonel L***.
76. Étude de bécasses; nature morte.

M. Charles GOMIEN,
De Nancy, Peintre à Paris.

77. Portrait de Mme. de M***, grand tableau à l'huile.

M. Paul GOMIEN.

78. Un groupe de deux petites filles, miniature.
79. Portrait d'homme, *id.*

M. GUÉRARD, *de Nancy*.

80. Saint Georges, d'après Ziegler. Aquarelle.
81. Vue de Pont-à-Mousson, tableau à l'huile.
82. Passage du Mont Saint-Bernard, *id.*, d'après une lithographie.
83. Portrait de M. V***, mine de plomb.

M. L'ABBÉ LANGE, *de Nancy*.

84. Une Sainte Famille, d'après Carlo Dolci.
85. Une Marine, d'après Gudin.

M. PAUL LAURENT,
Professeur à l'École forestière.

86. Vue prise à Saint-Amé (Vosges).
87. Roches de Corandelin.
88. Souterrain romain, à Plombières.
89. Vue du Château du Montet.
90. Moulin de Liverdun.
91. Le Désespoir de Jocrisse.
92. Vierge de la Creuse, à Gérardmer.
93. Forêt.
94. Forêt de Sapins.
95. Château d'Arc.
96. Côtes du Hâvre.
97. Vue de Harfleur.
98. Château sur Perle, sur la Vologne.
99. Route de Plombières à Érival.
100. Place de la petite promenade de Plombières.

101. Vue d'Érival.
102. Vue du Calvaire de Plombières.
103. Vue du Lac de Longemer.
104. Vue du Lac de Gérardmer.
105. Visite de S. M. Louis-Philippe, à l'Institut des Sourds-Muets de Nancy.

Le 14 juin 1831, immédiatement après avoir passé en revue les troupes, S. M. accompagnée de L. A. R. le duc d'Orléans et le duc de Nemours, du Ministre du Commerce, du Ministre de la Guerre, et d'un grand nombre de généraux et de magistrats, a honoré de sa visite cet établissement.

Le tableau représente la séance au moment où une jeune personne, Melle Julie A., à qui la parole avait été rendue, lit de vive voix, le compliment adressé au Roi par les élèves.

M. DE LUXER.

106. Marine, d'après Lauterbourg.
107. ——————— Gudin.
108. Brouillard, d'après Storelli.
109. Vue du Mont-Cenis, d'après Mallebranche.

M. LEFEBVRE DE MONTJOIE.

110. Charge d'infanterie, aquarelle.

Melle ELMIRE LEMOR, *de Metz*.

111. { Étude de Fleurs, à l'aquarelle. Camélia. } Même
    { ——————— Laurier rose. } N°.

112. Bouquet de Fleurs.

M. LUCY, *de Metz.*

113. Procession à Sarrebourg, Prusse Rhénane, grand paysage à l'huile.
114. Vue prise à Windeck (Forêt-Noire), *id.*
115. Étude prise à Bade, aquarelle.
116. Paysage, *id.*

M. MAGGIOLO, *de Nancy, peintre à Paris.*

117. Tableau de Fruits.
118. Jésus recevant le calice d'amertume, lithographie.

M. MAISON,

ancien élève de l'École forestière.

119. Un site pris dans les hautes régions des Alpes ; mine de plomb.
120. Un cadre contenant plusieurs dessins à la mine de plomb.

M. MALGRAS, *de Valhey, demeurant à Mirecourt.*

121. Une marine, tableau à l'huile.
122. *Pauvres Enfants*, dessin au crayon.
123. Abandon, *id.*

M. MARÉCHAL, *Peintre à Metz.*

124. Bohémiennes en tournée, tableau à l'huile.
125. Regrets, pastel.
126. Ritournelle, *id.*
127. Petit Page, *id.*
128. Portrait de M. R*** *id.*
129. Deux grandes têtes d'étude sous le même numéro, *id.*
130. Fleurs, *id.*

M. MENESSIER, *de Metz.*

131. Paysage. Effet d'automne.
132. — Effet de printemps.
133. — Clair de lune.
134. Étude prise de Bade-Ems, Duché de Nassau.
135. Cadre, contenant plusieurs sépias.

M. MIGETTE, *de Metz.*

136. Distribution d'aumônes.

Mlle Virginie de MONTFORT.

137. Portrait de Mme ***, à l'huile.
138. — de Mme ***, aquarelle.
139. Portraits d'enfants, *id.*

M. PELLETIER, *de Metz.*

140. Scierie dans la vallée de Thiéfosse, aquarelle.

141. Vue prise au Valtin.
142. — à Gérardmer.
143. Deux autres paysages des Vosges sous le même numéro.
144. Deux paysages.
145. Vue prise à Épernay.

M. PIERRE, *Peintre, rue de la Vènerie, N° 7.*

146. Le Christ au jardin des Olives, grand tableau à l'huile.
147. Portrait de Mlle C. DE P***, aquarelle.
148. Portraits lithographiés de MM. G. DE D. et D.

M. POIVRE, *de Metz.*

149. Louis XI à Péronne, dessin au crayon.

M. CHARLES RAUCH, *de Nancy, Peintre à Paris.*

150. Vue d'un château, prés Montcontour; clair de lune, à l'huile.
151. Vue du Château de Maison.
152. Hermitage; vue prise aux environs de Grenoble.
153. Vue prise près du lac de Longemer, Vosges.

Melle RAUCH, dite DUPLESSY, *rue des Carmes*, 27.

153 *bis*. Dessins en cheveux.

M. JULES RENAULD, *de Nancy.*

154. Moulin dans les Vosges.

155. Étude d'arbres, aquarelle d'après Gué.
156. Cromwel,   id. d'après Paul de Laroche.

M. RINCK, *Peintre, à Nancy.*

157. St.-Brice, disciple chéri de St.- Martin, demandant avec ferveur à Dieu, la force de résister aux chagrins que lui suscitent ses persécuteurs. Grand tableau à l'huile, pour l'église de Merviller.
158. Le Prince de Carignan, d'après Wandick.

M. ROLLAND, *de Metz.*

159. La Gave de Pau, paysage au pastel.
159 *bis.* Vue prise dans les environs de Pau, *id.*
159 *ter.* Souvenir des glaciers de Rosenlam, dans l'Oberland. *id.*
160. L'embuscade.   *id.*
161. Halte de Contrebandiers dans la Lorraine allemande. *id.*
162. Une chienne des Pyrénées et ses petits. *id.*
163. Le chien de Terre-Neuve, sur les bords de la mer. *id.*
164. Étude de gibier. *id.*
165. Le blessé, paysage au crayon.
166. Une lecture pieuse. *id.*

M. DE St.-GERMAIN, *de Nancy.*

167. Grand paysage, à l'huile, composé.
168. Autre, *id.*

M. SALZARD, *de Metz.*

169. Tête d'âne, étude à l'huile.
170. Un hermite.
171. Cuisinière plumant un canard, pastel.
172. Quatre tableaux d'armure, sous le même numéro, à l'huile.
173. Deux petits paysages, au pastel, même numéro.

M. Jean-Aristide, SCHWAB, *de Nancy.*

174. Pendule antique.

M. SCHWITER, *de Nancy.*

175. Portrait du général S.

M. THORELLE.

Peintre, rue des Dominicains, 20 à Nancy.

176. On sait que la forêt des Ardennes fut un des derniers refuges de la liberté gauloise, lors de l'invasion des Romains, et que plusieurs Tribus vinrent y chercher un asile, pour se soustraire à la domination de ce Peuple conquérant. Un chef gaulois, suivi de plusieurs guerriers, étant venu demander l'hospitalité à ses compatriotes, déjà établis dans cette forêt, fait, en touchant de la pointe de son épée, la pierre du sacrifice, serment de défendre jusqu'à la mort, la liberté et l'indépendance de sa nation.

177. Intérieur de ferme, au moment de la fenaison. Paysage à l'huile.
177 *bis*. Une ambulance, d'après Hippolyte Lecomte.
178. Le *Pater* du Chevalier. Suite de dessins à la plume. Huit sujets sous le même numéro.
179. L'ange gardien. *id.*
180. La pauvre mère.

Melle TORIO.

181. Paysage à l'aquarelle, d'après Coignet.
182. Tête de Vierge, étude.
183. Portrait de M. T.....
184. Tableau généalogique des Ducs de Lorraine. Calligraphie.

M. VILLEIN, *de Nancy.*

185. Tableau en tapisserie, d'après une lithographie.

M. VAUTRIN, *de Nancy.*

186. Scène de Foire.
187. Place St-Epvre, depuis la rue du Point du jour.
188. Une parade.
189. Scène d'intérieur. Le grand Papa en gaîté.
190. Paysage composé.
191. Paysage d'Alsace ; sur le devant, une réunion de militaires étrangers.
192. La tapisserie de Nancy.

Cette tapisserie trouvée dans la tente de Charles-le-Téméraire, lors de sa défaite sous les murs de Nancy, en 1476, a été gravée au trait par M. Victor Sansonnetti, et fait partie d'un grand et bel ouvrage, qu'il publie en société avec M. Jubinal. C'est ce trait, que M. Vautrin a colorié avec soin, d'après la tapisserie même. Il a cherché à conserver l'aspect bizarre de cette tenture, et notamment le caractère des figures qui, sous le rapport de l'art, fait un des principaux mérites de ce précieux monument du moyen âge.

193. La Place Royale de Nancy.
194. Portrait de M. ***.

M. Théodore, YUNG, *de Rothau (Vosges)*.

195. Étude de Forêt. Grande aquarelle.

SUPPLÉMENT.

M. J.-J. GRANDVILLE, *de Nancy*, **Peintre à Paris**.

196. Nature morte. Étude.

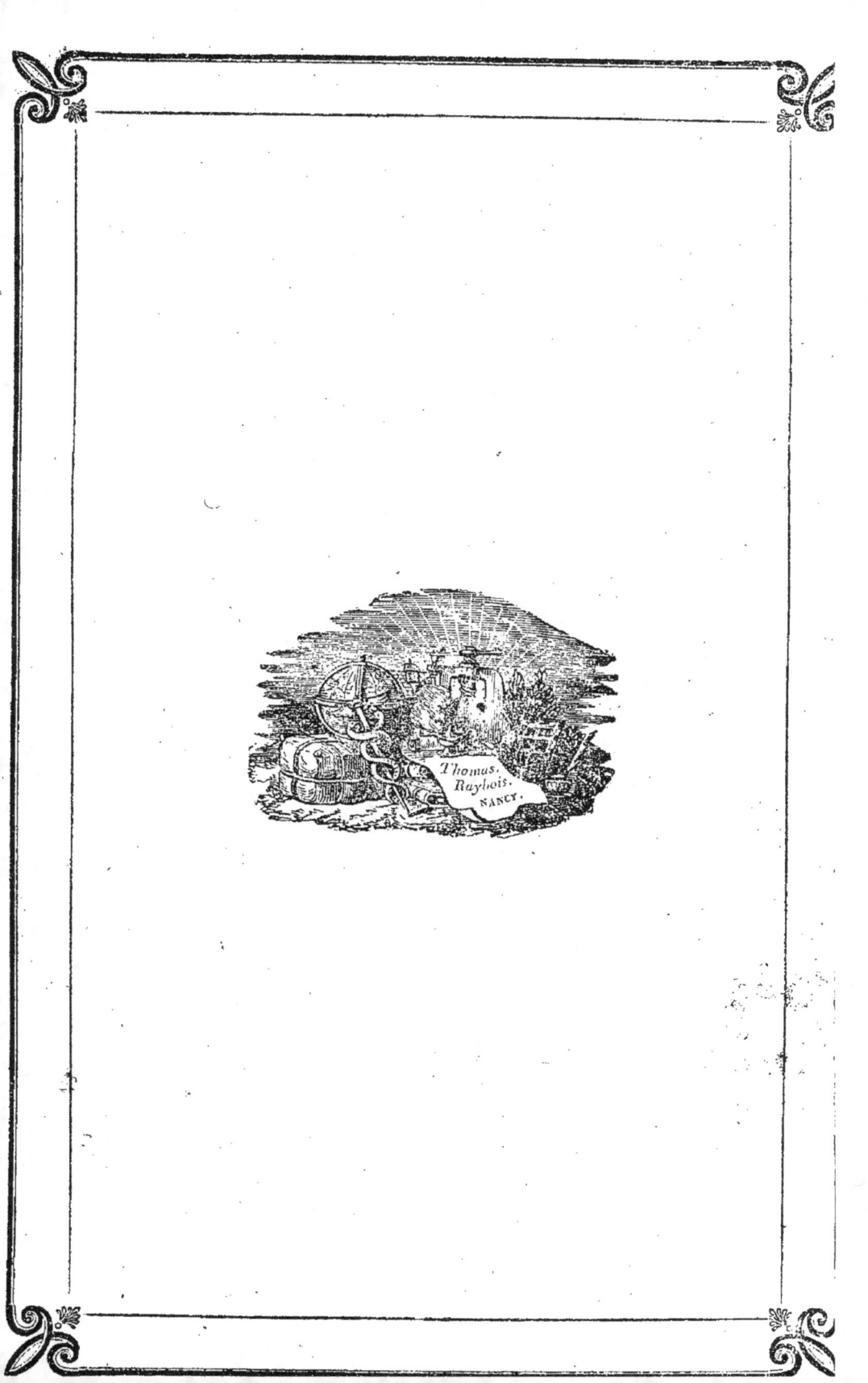

www.ingramcontent.com/pod-product-compliance
Lightning Source LLC
Chambersburg PA
CBHW030113230526
45471CB00003B/1391